JUNGUNTERNEHMER: TIPPS UND TRICKS FÜR DEN ERFOLG

JUNGUNTERNEHMER
TIPPS UND TRICKS FÜR DEN ERFOLG

JUNGUNTERNEHMER: TIPPS UND TRICKS FÜR DEN ERFOLG

 JUNGUNTERNEHMER: TIPPS UND TRICKS FÜR DEN ERFOLG

Inhalt

Unternehmertum: eine Vision

Unternehmer werden

Nutzen Sie Ihren Jugendvorteil

Strategisches Denken für junge Unternehmer

Erstellen Sie in 7 einfachen Schritten einen erfolgreichen Marketingplan für kleine Unternehmen

Die Hauptfaktoren für einen erfolgreichen Start

Ideen für die Zukunft

Beförderung

Betriebseffizienz

Fehler bei der Gründung von Unternehmen

Was zu produzieren?

Wie zu produzieren?

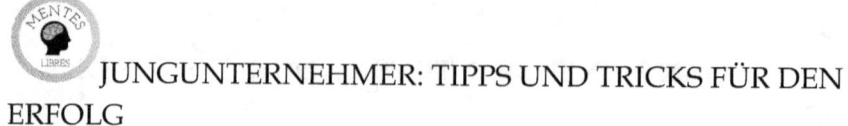 JUNGUNTERNEHMER: TIPPS UND TRICKS FÜR DEN ERFOLG

Wie viel müssen Sie produzieren?

Mythen über Unternehmertum

Ethik in der Wirtschaft

Kommunikationstipps für die Unternehmensführung

Zeitmanagement für Unternehmer

Führungsattribute für den Geschäftserfolg

Berechnen Sie Ihre Startkosten

Erhalten von Investmentfonds für Ihr Unternehmen

Markieren Sie Ihr Unternehmen

Unternehmertum: eine Vision

Bisher haben Sie einige der Merkmale des Unternehmertums gelesen. "Übung macht den Meister" ist das Motto für alles im Leben und besonders, wenn man Unternehmer ist. Das in Büchern verkörperte Wissen kann Ihnen viel helfen, Fehler zu vermeiden, aber nichts ist besser als die praktische Erfahrung, zu sehen, was für Sie funktioniert.

Sie haben die richtige Leidenschaft, das richtige Geschäftsformat und die richtigen Fähigkeiten. Doch bevor Sie den Glaubenssprung wagen, stellen Sie sicher, dass Sie auch auf andere Weise vorbereitet sind.

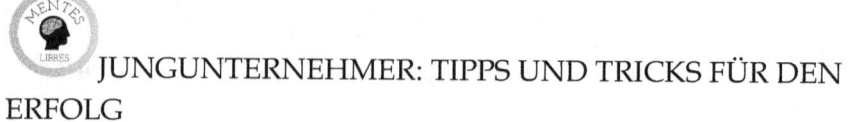 JUNGUNTERNEHMER: TIPPS UND TRICKS FÜR DEN ERFOLG

Von Anfang an erfordert es viel Engagement und Opfer, damit das Geschäft reibungslos läuft. Das bedeutet, dass das persönliche Leben, ob jung oder alt, einige Schläge einstecken muss. Familie und Freunde sollten unterstützend wirken, da sie wissen sollten, was es braucht, um ein Unternehmen zu gründen, und wie sich dies auf das Familienleben auswirkt. Viele von Ihnen werden sich in der Anfangsphase der Unternehmensgründung für eine Arbeitsstelle entscheiden; das bedeutet, dass Sie Ihre gesamte Freizeit der Führung des Unternehmens widmen müssen.

Unternehmertum wird sich auf Ihre Gesundheit auswirken. Dünn und gemein zu sein ist gut fürs Geschäft, aber das bedeutet oft, mehr Stunden damit zu verbringen, das zu tun, wofür man andere Leute bezahlen würde. Um diese mehr als 14 Stunden am Tag und sieben Tage in der Woche zu überleben, müssen Sie also körperlich und

JUNGUNTERNEHMER: TIPPS UND TRICKS FÜR DEN ERFOLG

geistig auf der Höhe der Zeit sein. Richtige Ernährung und ein regelmäßiges Bewegungsprogramm sorgen für Ihre Gesundheit. Es ist schwierig, in einem Krankenhausbett liegend Erfolg zu haben.

Kennen Sie Ihre Stärken in der Branche und stellen Sie andere für die anderen Aufgaben ein. Viele Eigentümer sind der Meinung, dass sie in allem gut sein sollten. Das ist wahrscheinlich nicht der Fall. Obwohl es manchmal von Vorteil ist, alle Aspekte des Geschäfts zu kennen. Nur für den Fall, dass jemand krank wird. Aus geschäftlicher Sicht ist es nicht schlecht, ein Team zu haben, in dem man das schwächste Glied ist.

Neben der Kenntnis Ihrer Stärken sollten Sie auch Ihre Komfortzonen kennen.

Fühlen Sie sich wohl dabei, der Chef zu sein und Mitarbeiter zu haben, die älter sind als Sie?

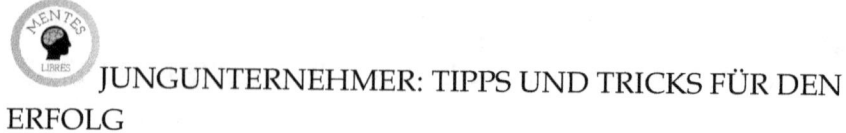

JUNGUNTERNEHMER: TIPPS UND TRICKS FÜR DEN ERFOLG

Der Umgang mit den vielfältigen Persönlichkeiten, die Ihre Mitarbeiter besitzen?

Geld verwalten und finanzielle Entscheidungen treffen? sich zuerst verschulden, um das Unternehmen zu gründen, bevor man die Gewinne sieht?

Lassen Sie ein paar Jahre vergehen, bevor Sie genug Gewinn erzielen, um ein regelmäßiges Gehalt zu erhalten?

All dies sind nur einige Dinge, die man im Auge behalten und einen oder zwei Notfallpläne für den Fall haben sollte, dass man unterwegs auf sie stößt.

Unternehmer werden

Um ein erfolgreicher Unternehmer zu werden, braucht man gute Ideen, ein wenig Glück, Geld und viel Arbeit.

90% der erfolgreichen Menschen scheitern, was bedeutet, dass Sie, um etwas zu gewinnen (Gewinne, Eigenkapital usw.), zunächst etwas verlieren müssen (Ihre Anfangsinvestition). Phat-Farm ist ein Multi-Millionen-Dollar-Unternehmen, dessen Eigentümer Russell Simmons in den ersten fünf Jahren 10 Millionen Dollar verlor.

Es braucht nicht viel Erfahrung und Ressourcen, aber um ein erfolgreicher Unternehmer zu werden, braucht man Leidenschaft und Ausdauer.

JUNGUNTERNEHMER: TIPPS UND TRICKS FÜR DEN ERFOLG

Die Umsetzung alltäglicher Ideen in ein Geschäft ist das, was einen gewöhnlichen Unternehmer außergewöhnlich macht. Dieses Talent oder diese Begabung macht sie einzigartig.

Die meisten beginnen mit sehr begrenzten Ressourcen und sind ihren Konkurrenten durch persönlichen Einsatz voraus. Es muss schnell gehen, und es müssen gute Entscheidungen getroffen werden, um Marktanteile zu gewinnen und im Falle großer Konkurrenten voranzukommen.

Sie unterscheiden sich in Alter, Geschlecht und Rasse, aber es ist leicht, einen Unternehmer und sein Unternehmen zu erkennen. Sie können durch ihre Ideen bereichert werden, aber der Ausgangspunkt ist, nach Bereichen zu suchen, die nicht angesprochen werden, und die Art und Weise zu ändern, wie die Dinge getan

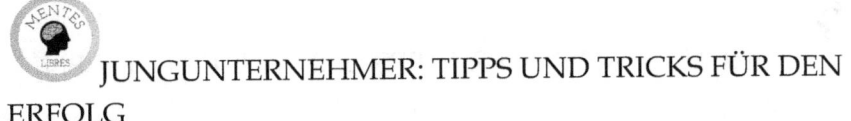 JUNGUNTERNEHMER: TIPPS UND TRICKS FÜR DEN ERFOLG

werden. Eine gute Idee ist nicht dasselbe wie eine ideale Gelegenheit. Wenn Sie die Unterscheidung verstehen, werden Sie Zeit, Mühe und Geld sparen.

Der Unternehmer schafft eine Vision und treibt das Unternehmen durch Höhen und Tiefen auf die Erfüllung dieser Vision zu.

Unternehmer zu werden ist gleichzeitig beängstigend, aufregend, beunruhigend und doch eine aufregende Erfahrung. Aber bevor Sie einer werden, müssen Sie zunächst das Konzept des Unternehmertums verstehen. Es gibt viele Arten von Unternehmern, z.B. soziale, häusliche, virtuelle, traditionelle usw.

Die weithin akzeptierte Definition von Unternehmertum bestünde darin, eine neue Organisation zu gründen oder eine alte zu übernehmen, um auf bestimmte identifizierte Chancen zu reagieren.

JUNGUNTERNEHMER: TIPPS UND TRICKS FÜR DEN ERFOLG

Sie müssen sich bewusst sein, dass ein großer Teil der neuen Unternehmen scheitert. Die erfolgreichsten Menschen sind diejenigen, die sich nicht scheuen, zu experimentieren, aus ihren Fehlern der Vergangenheit zu lernen und sie zu korrigieren, um erfolgreich zu sein.

Der Unterschied zwischen einem Unternehmer und einem Kleinunternehmer ist der Prozess oder die Methode, die Sie für die Geschäftserweiterung einführen wollen. Kleinunternehmer möchten, dass ihr Unternehmen so bleibt, wie es ist - klein und geographisch begrenzt, mit einem Einkommen von nur ein paar Millionen während seiner Lebensdauer.

Unternehmerische Unternehmen wollen in den ersten 3-5 Jahren Millionen verdienen und unter Nutzung aller Möglichkeiten international expandieren. Andere Merkmale wären Konzentration, Neigung zur Innovation und Schaffung neuer Werte, um den Markt zu erschüttern.

In den Vereinigten Staaten bieten kleine Unternehmen die meisten Arbeitsplätze, während die Unternehmer die meisten Arbeitskräfte stellen.

JUNGUNTERNEHMER: TIPPS UND TRICKS FÜR DEN ERFOLG

Nutzen Sie Ihren Jugendvorteil

Sie sind jetzt noch ein Kind, konzentrieren Sie sich auf Ihr Studium. Für die Wirtschaft braucht man Erfahrung. Blah, blah, blah, blah... Die Menschen werden zahlreiche Gründe haben, kein Unternehmen zu gründen, alle aus guten Absichten.

Aber bevor Sie das alles schlucken, denken Sie einen Moment an Bill Gates, der Harvard verließ, um Microsoft zu gründen, an Michael Dell, der die University of Texas verließ, um Dell zu gründen, an Milton Hershey, der mit 18 Jahren seinen ersten Süßwarenladen eröffnete, und an Fred Smith, der während seines Studiums in Yale, ein "C" auf seinem Fedex-Geschäftsplan erhielt und beschloss, sein Unternehmen trotzdem zu gründen, Steve Jobs, der die Reed University verließ, um Apple zu gründen, William Hewlett und David Packard, die HP nach ihrem Abschluss in Stanford aus einer Garage heraus gründeten, oder die Tausenden von jungen Leuten, die ein Unternehmen gegründet haben und erfolgreich waren.

Was wäre passiert, wenn sie von diesen nicht überzeugenden Argumenten überzeugt gewesen wären und sich auf ihren Geschäftsplan gestützt hätten? Wir werden ohne einen Dell, einen Microsoft, einen HP, einen Hersheys, einen Fedex oder einen Apple leben müssen... oh! Horror Horror!!!

Der beste Weg, die Karte zu Ihren Gunsten zu kippen

JUNGUNTERNEHMER: TIPPS UND TRICKS FÜR DEN ERFOLG

Erwachsene erwarten weniger von jungen Menschen, und das kann zu Ihrem Vorteil genutzt werden. Es ist in Ordnung, wenn Sie nicht perfekt poliert sind. Es wird weniger Aufwand erfordern, die Kunden zufrieden zu stellen und sich in den Medien einen Namen zu machen.

Es gibt wenig Konkurrenz durch andere Studenten, was Ihre Geschichte der Presse, Stipendien, des Wettbewerbs, der Kunden und Auszeichnungen würdiger macht.

Es gibt viele gemeinnützige Organisationen und Einzelpersonen, die Jugendbemühungen unterstützen. Der erste auf dieser Liste ist Ihre Schule, in der es wahrscheinlich Lehrer gibt, die Kontakte in der Geschäftswelt haben, die Ihnen helfen können.

Studierende haben oft Einkommen von ihren Eltern. Selbst wenn es nicht konsistent ist,

JUNGUNTERNEHMER: TIPPS UND TRICKS FÜR DEN ERFOLG

dann ist es etwas, von dem man weiß, dass man es immer suchen kann. Wenn Ihr Vorhaben scheitert, wenn Sie jung sind, werden Sie auf keinen Fall verhungern oder Ihr Zuhause verlieren.

Das praktische Wissen, das Sie bei der Führung Ihres Unternehmens erwerben, kann Ihnen bei Ihrer akademischen Arbeit helfen und umgekehrt. Einige Schulen ermöglichen es Ihnen, akademische Credits durch ein unabhängiges Studium Ihres Unternehmens zu erwerben. Sie können Klassenprojekte auch auf Ihr Unternehmen stützen.

Junge Menschen haben eine neue Perspektive auf die Welt. Diese Perspektive hilft ihnen, viele Chancen zu sehen, die bisher nicht genutzt wurden. Die Gründer von Microsoft, Dell, HP, Hersheys, Apple und Forex werden für Sie bürgen.

JUNGUNTERNEHMER: TIPPS UND TRICKS FÜR DEN ERFOLG

Strategisches Denken für junge Unternehmer

Strategisches Denken ist sowohl eine Wissenschaft als auch eine Kunstform. Man muss sowohl die rechte als auch die linke Seite des Gehirns nutzen, um wirklich aufzufallen, und das erfordert Vertrauen und Übung.

Im Folgenden sind einige der Fähigkeiten aufgeführt, die große Strategen besitzen und tagtäglich einsetzen

Sie sehen große Dinge und nutzen dann strategisches Denken, um sie zu verwirklichen. Wenn sie über diese beiden Fähigkeiten verfügen, können sie eine

JUNGUNTERNEHMER: TIPPS UND TRICKS FÜR DEN ERFOLG

wünschenswerte Zukunft sehen und eine Strategie entwickeln, die sich auf die Details und das große Ganze konzentriert, um diese Zukunft zu schaffen.

Nehmen Sie sich eine Auszeit vom Alltag eines 9- bis 5-jährigen Jobs. Alle großen Strategen tun dies. Gehen Sie einfach irgendwo hin, wo es ruhig ist - am besten an einem Wochenende, aber an einem freien Tag oder sogar an einem Nachmittag, wenn nicht - und setzen Sie sich mit Hut auf und denken Sie nach. Probieren Sie es aus.

Strategisches Denken bedeutet, wie der Name schon sagt, nicht schnelles Geld zu verdienen, sondern das große Ganze zu sehen und für die nächsten Jahre zu planen. Die unmittelbaren Ergebnisse mögen nicht beeindruckend sein, aber auf lange Sicht zahlt sich strategisches Denken aus. Ein Grund für das unscheinbare unmittelbare Ergebnis liegt darin, dass Strategien, wie

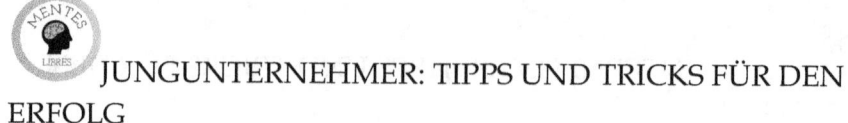JUNGUNTERNEHMER: TIPPS UND TRICKS FÜR DEN ERFOLG

Meisterwerke, Zeit brauchen, um geschaffen, verfeinert und überarbeitet zu werden.

Alle wahren Strategen sind sich über alles, was um sie herum vorgeht, völlig im Klaren.

In allen geschäftlichen Angelegenheiten gibt es Hinweise, subtile oder andere, die diejenigen, die sie bemerken, auf mögliche Richtungen aufmerksam machen, in die man sich begeben könnte.

Da große Strategen diese Informationen aufnehmen, helfen sie ihnen, ihre Pläne besser zu formulieren, wenn sie sich inspirieren lassen, sei es im Urlaub, bei einem Morgenspaziergang oder kurz nach der ersten Tasse Espresso. Ihre Fähigkeit, Verbindungen zu erkennen und herzustellen, hält sie in einer guten Position.

JUNGUNTERNEHMER: TIPPS UND TRICKS FÜR DEN ERFOLG

Stellen Sie sicher, dass Ihre große Idee kein Hirngespinst ist. Alle großen Denker müssen sicherstellen, dass ihre Idee gültig ist, dass sie in einer Welt voller Probleme und Veränderungen Bestand hat.

Sie müssen Ihre Pläne ständig überprüfen und verfeinern.

Nutzen Sie die Erfahrungen, die Sie gemacht haben, um besser planen zu können. Wenn eine Abkürzung schon einmal funktioniert hat und Ihnen viel Zeit und Mühe erspart hat, zögern Sie nicht, sie an einen neuen Plan anzupassen.

Verlassen Sie sich nicht nur auf sich selbst, egal wie gut Sie denken und/oder wissen, wie gut es ist. Nutzen Sie vertrauenswürdige Kollegen, um Ihre Ideen zu verbreiten.

JUNGUNTERNEHMER: TIPPS UND TRICKS FÜR DEN ERFOLG

Im Falle des strategischen Denkens ist "zwei Köpfe sind besser als einer" ein wahrhaftigeres Sprichwort als "zu viele Köche verderben den Brei".

JUNGUNTERNEHMER: TIPPS UND TRICKS FÜR DEN ERFOLG

Erstellen Sie in 7 einfachen Schritten einen erfolgreichen Marketingplan für kleine Unternehmen

Bevor Sie ein kleines Unternehmen gründen, sollten Sie zunächst die Bedürfnisse des Zielmarktes verstehen und dann versuchen, eine geeignete Lösung anzubieten.

Diese 7 Schritte sollten von Unternehmern genutzt werden, die ein neues Unternehmen gründen oder einen Marketingplan für eine erfolgreiche bestehende Einrichtung erstellen wollen.

JUNGUNTERNEHMER: TIPPS UND TRICKS FÜR DEN ERFOLG

Die meisten Menschen sprechen über die Größe ihrer Produkte oder Dienstleistungen. Stattdessen sollten Sie den Zielmarkt regelmäßig aufklären und eine Beziehung des Vertrauens und der Glaubwürdigkeit aufbauen.

"Think Marketing" ist die Denkweise, die Sie für Ihre Produkte und Dienstleistungen entwickeln müssen. Sie müssen ständig verkaufen. Lassen Sie sich nicht von "Stop-and-Go"-Marketing täuschen. Einige Kleinunternehmer beginnen mit dem Marketing nur während der Nebensaison.

Ein erfolgreicher Marketingplan ist für das Unternehmertum unerlässlich. Gewinne und Wachstum sind direkt proportional zu effektivem Marketing.

JUNGUNTERNEHMER: TIPPS UND TRICKS FÜR DEN ERFOLG

Wenn Sie darüber nachdenken, wo Sie anfangen sollen, wird Ihnen dieser 7-Schritte-Leitfaden helfen, den Markt und das Geschäft zu verstehen.

Lassen Sie uns die folgenden Fragen beantworten:

1. Wer ist Ihr Zielmarkt? Wer ist Ihr idealer Kunde? Welche Recherchen müssen durchgeführt werden, um mehr über Ihren Zielmarkt herauszufinden?

2. Was wünscht sich Ihr idealer Kunde? was leisten Ihre Produkte und Dienstleistungen für ihn? welche Probleme Ihres Kunden werden durch Ihr Produkt gelöst? welche Lösungen braucht Ihr Kunde? was ist Ihr USP, das es einzigartig macht? welche Branchentrends gibt es? wie reagieren Ihre Kunden? was verkaufen Sie? (Zum Beispiel: Verkaufen Sie eine Brille oder Sehhilfen?)

 JUNGUNTERNEHMER: TIPPS UND TRICKS FÜR DEN ERFOLG

Was ist Ihre Marke für Produkte und Dienstleistungen? Wie hoch wäre der Preis?

3. Wo ist Ihr idealer Kunde? Geografisch gesehen, wo befinden sie sich? Wo werden Sie sich positionieren, um sie leicht zu erreichen? Wo werden sie Ihre Marketingbotschaften erhalten? Werden Sie persönliche Gespräche überprüfen, Seminare organisieren oder einen Blog, Newsletter oder Artikel schreiben?

4. Wann... Wie oft werden Ihre Marketingbotschaften zugestellt und wann werden Ihre Kunden am ehesten kaufen?

5. Warum... Warum sind Sie im Geschäft? Warum kommen Kunden zu Ihnen? Warum sollten sie nicht zu Ihren Konkurrenten gehen und sich für Ihre Produkte entscheiden?

6. Wie... wie kauft Ihr Kunde, wie erreichen Sie potentielle Kunden, wie kommunizieren Sie Ihre Marketingstrategien, wie stellen Sie Ihren Kunden Informationen zur Verfügung, damit diese eine Kaufentscheidung treffen können?

7. Marketingmentalität - Versuchen Sie, eine Marketingmentalität zu beherrschen, und Ihr kleines Unternehmen wird sich in Richtung Gewinn und Erfolg bewegen.

JUNGUNTERNEHMER: TIPPS UND TRICKS FÜR DEN ERFOLG

Die Hauptfaktoren für einen erfolgreichen Start

Die Gründung eines Unternehmens bringt einige bedeutende Veränderungen im Leben des Unternehmers mit sich:

1) Dauerhafte finanzielle Freiheit.

2) Flexibilität der Zeitpläne.

3) Die Genugtuung, sein Leben in die Hand nehmen zu können - sei es, das Unternehmen zu einem gigantischen Gebilde wachsen zu lassen oder einfach nur weiter das zu tun, was man gerne tut und seinen Lebensunterhalt zu verdienen.

JUNGUNTERNEHMER: TIPPS UND TRICKS FÜR DEN ERFOLG

Zusätzlich zur Aufregung bei neuen Unternehmungen kommt die Herausforderung, zu viele Hüte zu tragen: strategische Planung, Marketing, Verkauf, Produktion, Kundendienst, Buchhaltung und Finanzierung. Auch wenn das Unternehmen klein ist, sind die Aufgaben enorm.

Was auch immer der Bereich ist, die Hauptfaktoren eines erfolgreichen Unternehmens bleiben die gleichen.

1) Eine gute Idee.

2) Einen effektiven Marketingplan, der nicht zu teuer ist.

3) Effizienter Betrieb.

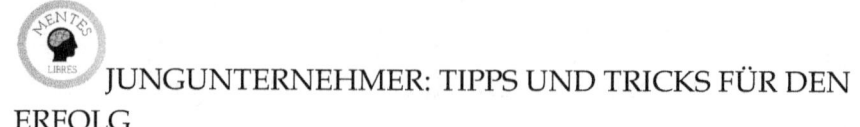

Ideen für die Zukunft

Die richtige Geschäftsidee ist entscheidend für den Erfolg des Unternehmens. Zunächst einmal müssen Sie sich mit Leidenschaft für Ihren Arbeitsbereich einsetzen. Zweitens müssen Sie über genügend Wissen, Talent und Erfahrung verfügen, um voranzukommen.

Wählen Sie schließlich ein Unternehmen, das ein kleines, stabiles Einkommen ohne große Investitionen erzielt. Dies wird Sie und Ihre Familie letztendlich unterstützen. Einige Ideen, die in Betracht gezogen werden können, sind: Freiberufliches Schreiben, Online-Marketing, Webdesign, Buchhaltung usw.

JUNGUNTERNEHMER: TIPPS UND TRICKS FÜR DEN ERFOLG

Beförderung

Das grundlegende Instrument zur Vermarktung Ihrer Produkte und Dienstleistungen wäre die Verteilung von Visitenkarten.

Sie können die Karte selbst entwerfen, indem Sie verschiedene Visitenkartenvorlagen verwenden, aber es wäre klüger, etwas Geld auszugeben und dies einem Fachmann zu überlassen. Für nur 20 Dollar erhalten Sie 500 Karten.

Farbige Karten sind etwas teurer. Der nächste Schritt ist der Aufbau einer Website, die es Interessenten ermöglicht, die Informationen 24 Stunden am Tag und 365 Tage im Jahr einzusehen. Die jährlichen Kosten für den

Unterhalt der Website belaufen sich auf etwa 50 Dollar. Mit weiteren 80 Dollar bekämen Sie zwei einfache Websites.

Wenn Ihre Internetaussichten gut aussehen, dann geben Sie 50 Dollar für Pay-per-Click (PPC)-Onlinewerbung aus. 50 Dollar für PPC bringen Ihnen mehr Kunden und generieren auch Einnahmen.

Betriebseffizienz

Die Verwaltung des Unternehmens (Marketing, Verkauf, Produktion usw.) nimmt die gesamte Zeit der Kleinunternehmer in Anspruch.

Sie haben keine Zeit (oder Kenntnisse), um die Expansion des Unternehmens zu planen. Das Ergebnis ist, dass sie entweder ein kleines Unternehmen bleiben oder verschwinden, wenn es zu einer dramatischen Veränderung auf dem Markt kommt.

Betriebliche Effizienz ist in kleineren Betrieben noch notwendiger als in etablierten Betrieben.

Einige Methoden zur Verbesserung der betrieblichen Effizienz

1) Rationalisierung von Geschäftsprozessen.

2) Produktivitätssoftware verwenden.

3) Outsourcing und andere Dienstleistungen.

So etwas wie - die Einstellung eines Buchhalters für Steuererklärungen und Buchhaltung, eines Inkassobüros für die Eintreibung von Schulden usw. sollte getan werden. Nehmen Sie sich immer Zeit, Ihr Geschäft zu erweitern.

Fehler bei der Gründung von Unternehmen

Eine Wirtschaft besteht in erster Linie aus Produzenten und Konsumenten, die sich an der so genannten Transaktion beteiligen.

Eine wirtschaftliche Transaktion wäre der Transfer von Gütern und Dienstleistungen von den Produzenten zu den Konsumenten im Austausch gegen Geld.

Die Schaffung von Gütern umfasst mehrere Aktivitäten. Diese Aktivitäten können kollektiv als ein Geschäft oder ein Unternehmen bezeichnet werden.

JUNGUNTERNEHMER: TIPPS UND TRICKS FÜR DEN ERFOLG

Die Gründung eines Unternehmens ist weder einfach noch schnell. Hier sind einige wesentliche Elemente, die dazu erforderlich sind.

JUNGUNTERNEHMER: TIPPS UND TRICKS FÜR DEN ERFOLG

Was zu produzieren?

Es gibt viele Güter, aus denen eine Volkswirtschaft besteht. Daher muss der Produzent entscheiden, wer von ihnen produzieren soll. Die Suche nach dem Selbstnutzen kann nicht das einzige Kriterium sein. Die Ressourcen sind knapp und müssen optimal und zum Wohle der Gesellschaft eingesetzt werden.

Wie zu produzieren?

Es kann viele Methoden zur Herstellung einer Ware geben. Daher muss sich der Produzent für ein Verfahren entscheiden, das die Ressourcen zu minimalen Kosten voll ausschöpft.

Wie viel müssen Sie produzieren?

Ein Überangebot wird den Preis senken, und die Produzenten werden schließlich einen Verlust erleiden. Produzieren Sie daher, um die Marktnachfrage zu befriedigen.

Hauptstadt

Um ein Unternehmen zu gründen, müssen Sie über genügend Investitionskraft verfügen. Wenn ein Produzent nicht über das erforderliche Kapital verfügt, kann er Darlehen von Finanzinstituten erhalten oder sich mit anderen Investoren zusammenschließen, um Unterstützung für kollektive Investitionen zu erhalten.

Marktforschung

Es reicht nicht aus, Geld für die Gründung eines Unternehmens zu haben. Man muss das Verbrauchsmuster des Marktes verstehen. Selbst wenn das Produkt mit hoher Wahrscheinlichkeit verkauft wird, muss es so vermarktet werden, dass es die Aufmerksamkeit des Käufers auf sich zieht. Andernfalls kennen die Verbraucher möglicherweise nicht alle Details des Produkts.

Umfang der Produktion

Normalerweise kann ein Unternehmen kurzfristig nicht das optimale Produktionsniveau erreichen. Dies ist auf feste Produktionsmittel zurückzuführen, die nicht je nach Bedarf geändert werden können. Diese Inputs führen zu Fixkosten, die das Einkommen des Produzenten schmälern. Im Laufe der Zeit, wenn das Unternehmen eine beträchtliche Größe erreicht, verschwinden diese fixen Inputs jedoch, und nur die variablen bleiben übrig, d.h. der Hersteller sieht sich mit variablen Kosten konfrontiert.

Delegation von Aktivitäten

Kein Geschäft kann auf der Grundlage einer einzigen Show aufrechterhalten werden. Es sind zu viele Aktivitäten involviert. Daher ist es billiger, effizienter und notwendig, Funktionen an Personen zu delegieren, die auf diese Bereiche spezialisiert sind.

Daher ist die Verletzung einer der oben genannten Richtlinien ein Fehler, unter dem das Unternehmen leidet.

Mythen über Unternehmertum

Es gibt viele Mythen über das Unternehmertum, von denen die meisten von den Medien geschaffen wurden. Während einige wahr sind, sind andere eindeutig falsch. Im Folgenden sind die fünf wichtigsten Mythen aufgeführt:

Mythos 1: Unternehmer wollen Geld. Zeitraum.

Viele Leute denken, dass Unternehmer nur wegen des Geldes dabei sind. Das stimmt bis zu einem gewissen Grad: Die Furcht vor Armut oder einfach nur vor finanzieller

Unsicherheit könnte jeden in die Höhe treiben, und es gibt diejenigen, die es für das Geld tun, aber für die meisten Menschen ist Geld nicht das Ganze und alles.

Viele Unternehmer haben Ego und/oder Emotionen als ihre Hauptmotive, viele halten nicht den luxuriösen Lebensstil aufrecht, der von ihnen erwartet wird, und die meisten betrachten Geld als eine Möglichkeit, Punkte zu machen.

Mythos 2: Mein Gewinn, Ihr Verlust.

Man spricht oft davon, dass Erfolg im Geschäftsleben auf Kosten eines anderen geht. Was sie offensichtlich bedeuten, ist, dass wenn ein Unternehmer gewinnt, jemand irgendwo den Preis bezahlt hat. Das lässt es so aussehen, als müsse es bei jedem Unternehmen eine Gewinner- und eine

Verliererseite geben. Dies wird manchmal als "Nullsummenspiel" bezeichnet.

In Wirklichkeit sind Unternehmer kreative Denker. Anstatt für ein "Nullsummen"-Ergebnis zu spielen, und entgegen der weit verbreiteten Annahme, versuchen sie oft, einen Kompromiss zu erzielen, der bedeutet, dass alle zufrieden den Tisch verlassen.

Mythos 3: Je größer das Risiko, desto größer die Belohnung.

Viele Jungunternehmer, die dies gehört haben, akzeptieren es als die Wahrheit des Evangeliums.

Die Beziehung zwischen Risiko und Ertrag ist kompliziert und keineswegs auf eine einfache Aussage reduzierbar.

Risiken im Geschäftsleben sind nicht dasselbe wie der Sprung von einer Klippe im Dunkeln: Wissen, Erfahrung, Weisheit, harte Arbeit und Beharrlichkeit verändern sowohl das "Risiko" als auch den "Lohn".

Mythos 4: Unternehmer werden schnell reich.

Der Aufstieg der "Dotcom-Millionäre" lässt es definitiv so aussehen, als ob Unternehmer schnell Geld verdienen, aber man darf nicht vergessen, dass nichts so einfach ist, wie es scheint.

Sie denken vielleicht, dass Unternehmer extrem schnell reich werden, aber es steckt viel Arbeit in der Entwicklung der Ideen/Produkte, die sie reich machen.

Mythos 5: Ein guter Geschäftsplan ist der kritische Weg des Unternehmers zum Erfolg.

Das ist wahrer als die meisten anderen Mythen, denn ohne einen soliden Geschäftsplan ist es unwahrscheinlich, dass Sie Kredite erhalten. Ein Kredit ist jedoch keineswegs gleichbedeutend mit gutem Geld.

Geschäftspläne sind Richtlinien, ja, aber um erfolgreich zu sein, braucht man viel mehr.

 JUNGUNTERNEHMER: TIPPS UND TRICKS FÜR DEN ERFOLG

Ethik in der Wirtschaft

"Ehrlichkeit ist die beste Politik", ein Satz, der nicht nur im Alltag, sondern auch in der Wirtschaftsethik Gültigkeit hat.

Ethik ist für alle Unternehmer sehr wichtig. Viele vernachlässigen jedoch die Ethik als ein wichtiges Konzept, das einen großen Einfluss auf den Erfolg einer Person als Unternehmer und Investor hat. Schließlich geht es in der Wirtschaft um den Umgang mit Geld, unabhängig davon, ob es sich um eigenes oder geliehenes Geld handelt.

Dazu gehört auch der Aufbau erfolgreicher geldbasierter Beziehungen zu Kunden und Auftraggebern. Diese Beziehungen müssen auf Vertrauen aufgebaut werden, und eine ethische Grundlage ist für den Aufbau von Vertrauen unerlässlich. Daher ist Ethik der Eckpfeiler des Geschäftserfolgs.

Es ist wichtig zu erkennen, dass Ethik unabhängig von der Größe des Unternehmens wichtig ist.

Unabhängig davon, ob Ihr Unternehmen groß oder klein ist oder ob Sie viele oder wenige Kunden haben, die Bedeutung der Einhaltung hoher ethischer Standards ist die gleiche.

Die Ethik im Geschäftsleben ist eng mit der moralischen Wertschöpfungskette verbunden, die in all Ihren Aktivitäten verwoben ist. Moralischer Wert betrifft jeden einzelnen Kunden. Es kann keine Ausnahmen geben, unabhängig davon, ob Ihre Kunden 10 oder 10.000 oder mehr sind. Ethik gilt für jeden einzelnen von ihnen.

JUNGUNTERNEHMER: TIPPS UND TRICKS FÜR DEN ERFOLG

Als Disziplin kann Wirtschaftsethik angewandt oder theoretisch sein. Oder um es anders auszudrücken, sie kann pragmatisch oder philosophisch sein.

Erstere entwickelt sich typischerweise zu Do's und Don'ts, die als Leitfaden für ethisches Verhalten dienen. Bei den letztgenannten Studien geht es darum, das Warum und Wozu der Geschäftsethik zu untersuchen. Sie untersucht auch die Frage der Definition von Ethik.

Sie fördert hohe Standards, entwickelt einen Kodex und hilft dem Unternehmer bei der Selbsteinschätzung seines persönlichen ethischen Standards. Dieser Standard wiederum hilft dem Unternehmen, die Standards für ethisches Verhalten seiner Mitarbeiter zu artikulieren. Ein ehrliches Unternehmen beschäftigt nur ehrliche

 JUNGUNTERNEHMER: TIPPS UND TRICKS FÜR DEN ERFOLG

Fachleute. Dies muss in Zukunft klar verstanden werden.

In den meisten erfolgreichen Geschäftsorganisationen sind hohe ethische Standards obligatorisch. Ein Arbeitnehmer, der jemanden besticht, auch im Interesse seines Arbeitgebers, wird wahrscheinlich entlassen.

Viele multinationale Unternehmen weigern sich, in Ländern Geschäfte zu machen, in denen Bestechungsgelder üblicherweise gewährt und akzeptiert werden. Dies sind Beispiele für die angewandte Seite der Wirtschaftsethik.

Ein letzter Punkt... Bei einigen Faktoren kann es keine ethischen Kompromisse geben, unabhängig von Gewinn- oder Verlustüberlegungen.

Beispielsweise darf ein Unternehmen unter keinen Umständen gegen die Gesetze des Landes verstoßen, in dem es geschäftlich tätig ist, ob es diese Gesetze mag oder nicht.

 JUNGUNTERNEHMER: TIPPS UND TRICKS FÜR DEN ERFOLG

Kommunikationstipps für die Unternehmensführung

Selbst wenn Sie brillante Ideen haben, sind sie nichts wert, wenn Sie sie nicht teilen. Deshalb ist die Fähigkeit, effektiv zu kommunizieren, genauso wichtig wie die Fähigkeit, großartige Ideen zu entwickeln. Allerdings sind nicht alle Menschen gut in der Kommunikation, und sie brauchen Übung, um dies tun zu können.

Angenommen, es entsteht eine Situation, in der Sie aus externen Gründen die Produktion des Unternehmens sofort verdoppeln müssen. Aber Ihre Manager können den Job nicht für die Mitarbeiter erledigen, die nicht bereit sind, die zusätzliche Meile für das Unternehmen zu gehen. Dies führt zum

Verlust von Geld und Ansehen für das Unternehmen.

Wo liegt also das Problem? Es ist nicht so, dass die Arbeitnehmer nicht bezahlt werden, noch werden ihnen andere Leistungen vorenthalten. Das eigentliche Problem hier ist also die mangelnde Kommunikation zwischen Arbeitgeber und Arbeitnehmer.

Es wird oft vergessen, dass die interne Kommunikation ein integraler Bestandteil der Kommunikationsstrategie eines Unternehmens ist.

Da der gesamte Fokus auf der externen Kommunikation liegt, malen die Firma und Ihre Manager gerne rosa Bilder für die Kunden. Dies führt zweifellos zu einer starken Seite des Marketings, schwächt aber eher die operative Strategie.

JUNGUNTERNEHMER: TIPPS UND TRICKS FÜR DEN ERFOLG

Ein weiteres Problem, das durch schlechte Kommunikation und/oder mangelnde Kommunikation verursacht wird, ist das Wachstum von negativen Reben. Dieser inoffizielle Kommunikationskanal kann zu Unzufriedenheit führen, wodurch die Gewinne sinken.

Um Wachstum zu gewährleisten, sind sowohl interne als auch externe Kommunikationskanäle erforderlich. Das gesamte Kommunikationssystem muss aus einem Guss und zweckmäßig sein.

Es kann nicht erlaubt werden, sich zu äußern. Alles, was kommuniziert wird, ob an Kunden oder Mitarbeiter, muss sorgfältig ausgearbeitet werden, um die gesteckten Ziele zu erreichen.

Indem Sie sich auf die Bedürfnisse Ihres Zielsegments konzentrieren, sind Sie wahrscheinlich in der Lage, eine effektive Kommunikationsstrategie zu entwickeln. Sie kümmern sich um Ihre Ziele, aber nur in dem Maße, wie Sie davon profitieren. Identifizieren Sie sich also mit ihren Bedürfnissen und kommunizieren Sie Ihre Ziele in Begriffen, mit denen sie sich identifizieren können.

Wenn Sie Vorschläge begrüßen und Ihre Mitarbeiter zu Kommentaren ermutigen, haben sie die Möglichkeit, ihre Vorschläge konstruktiv zu präsentieren, aber dadurch werden auch Gerüchte unterdrückt und sie können sich einbezogen fühlen.

Wenn Sie Kommentare oder Vorschläge erhalten, reagieren Sie positiv. Versichern Sie Ihren Mitarbeitern, dass ihre Beschwerden zur Kenntnis genommen werden und dass positive Maßnahmen ergriffen werden.

Stellen Sie sicher, dass ihre Botschaft nicht in einem Labyrinth von Fachausdrücken verloren geht und von Ihrer Zielgruppe verstanden werden kann.

Kurz gesagt, um Ihre Ziele zu erreichen, müssen Sie Ihre Ideen klar kommunizieren.

JUNGUNTERNEHMER: TIPPS UND TRICKS FÜR DEN ERFOLG

Zeitmanagement für Unternehmer

Zeitmanagement gilt als die Kunst, die Ihnen die verschiedenen Techniken beibringt, um Ihre Effizienz zu steigern und die vorliegende Arbeit zu vollenden. Es ist wichtig, im Privatleben die Zeit kontrollieren und managen zu können, aber im Geschäftsleben ist es entscheidend und notwendig für den Erfolg.

Zeitmanagementprogramme helfen den Inhabern von Kleinunternehmen, ihre Zeit mit Hilfe von elektronischen Kalendern und Planern effektiv zu verwalten und zu kontrollieren. Die "To-Do-Liste" hat sich als ein wirksames Instrument des Zeitmanagements erwiesen. Die Planung von

 JUNGUNTERNEHMER: TIPPS UND TRICKS FÜR DEN ERFOLG

Aktionen ist jedoch auch sehr zeitaufwendig, so dass der Einsatz von Software eine wesentliche Notwendigkeit ist.

Erfolg ist das Ergebnis der Planung Ihrer Ziele, aber auch Ihrer Zeit, der Umsetzung von Routinen und der Planung von Aufgaben.

Zeitmanagementprogramme können die Arbeitsabläufe und Produktionsaktivitäten der Mitarbeiter durch den Einsatz von schriftlichen oder elektronischen Erinnerungen oder "To-Do-Listen"-Software verbessern.

Es ist unerlässlich, dass Kleinunternehmer ihre Aktivitäten zusammen mit den Aktivitäten der anderen Teammitglieder planen, vorbereiten, priorisieren und überwachen und auch Ziele für den Geschäftserfolg setzen.

Dies ist wirklich eine leichte Aufgabe, wenn man die richtige Zeitmanagementsoftware hat. Viele dieser Programme umfassen kurz- und langfristige Zielplanung, Datenanalyse, Zukunftsprognosen und Leistungsdiagramme.

Dies sind Funktionen, die in der Basis-Software für Aufgabenlisten nicht verfügbar sind. Unterschätzen Sie nicht die Bedeutung von "Aufgabenlisten"-Software bei der Planung Ihrer Geschäftsaktivitäten oder der Festlegung Ihrer Ziele.

Zeitmanagement ist für ein kleines Unternehmen äußerst wichtig. Deshalb sind Zeitmanagement-Gurus heute üblich, die Ratschläge geben, wie man seine Zeit managen kann.

JUNGUNTERNEHMER: TIPPS UND TRICKS FÜR DEN ERFOLG

Sie sind am besten als Zeitmanager bekannt, die nach der Lektüre Ihres Geschäftsplans täglich die Aktivitäten für die Teams priorisieren.

Mit Hilfe von Zeitmanagementsoftware können sie den Geschäftsinhabern detaillierte Berichte über die täglichen Aktivitätstrends zur Verfügung stellen, so dass sie Werte, Aktivitäten und Prioritäten korrigieren können.

Zeitmanager sind auch die gebräuchliche Bezeichnung für Zeitmanagementsoftware und die verschiedenen Zeitmanagementlösungen, die heute auf dem Markt für kleine Unternehmen erhältlich sind.

Diese reichen von klassischen Papierbüchern über verschiedene Software für Aufgabenlisten, Organizer, Erinnerungen,

Kalender und Planer bis hin zu vielen anderen Dingen.

Führungsattribute für den Geschäftserfolg

Führungsqualitäten sind nicht etwas, mit dem man geboren wird, und müssen daher erworben werden, wenn man ein aufstrebender Unternehmer ist. Die Fähigkeiten können leicht erworben werden, wenn man einige grundlegende Dinge berücksichtigt, die für jede Art von Führung, ob im Geschäftsleben oder anderswo, notwendig sind.

Der Erfolg eines jeden Unternehmens hängt von der Fähigkeit des Managers oder Eigentümers ab, eine Kultur der gesunden und produktiven Arbeit aufzubauen.

JUNGUNTERNEHMER: TIPPS UND TRICKS FÜR DEN ERFOLG

Jede Führungskraft muss eine Vision für die Arbeit haben, die sie oder er durchführt. Es ist wichtig, die richtige Art von Vision zu haben, da dies äußerst wichtig ist, um die verschiedenen Aspekte der Arbeit zusammenzuhalten. Die falsche Vision wird nicht nur die Mitarbeiter in die Irre führen, sondern auch das gesamte Unternehmen ruinieren. Eine klare Vision hilft Ihnen beim Start und hilft Ihnen auch, die Arbeit erfolgreich zu sehen.

Eine Vision ist etwas, für das das gesamte Unternehmen arbeitet und das so lange weitergeführt wird, bis es erreicht ist.

Ein effektiver Unternehmergeist wird dem Manager und Ihren Mitarbeitern helfen, diese Vision Wirklichkeit werden zu lassen. Ideen und Meinungen sollten aus allen Blickwinkeln geteilt werden. Dadurch würden sich alle als Teil des gesamten Unternehmens fühlen. Der Manager muss sicherstellen, dass seine Mitarbeiter nicht nur Facharbeiter sind, die nur dazu da sind, Geld zu verdienen, sondern sich der Vision des Unternehmens verpflichtet fühlen.

Der Manager muss die Mitarbeiter inspirieren und motivieren, auf ein gemeinsames Ziel hinzuarbeiten.

Das Geschäft würde dann zu einem Mittel zur Erreichung dieser Ziele werden. Dies bedeutet nicht, dass der Schwerpunkt ausschließlich auf den Ergebnissen und nicht auf der Arbeit selbst liegen sollte. Jeder von den Mitarbeitern unternommene Schritt muss sorgfältig analysiert werden, und die Mitarbeiter müssen eine Rückmeldung über den Fortschritt der Arbeit erhalten.

Dies würde sowohl die Qualität der Experten als auch lobenswerte Ergebnisse für das Unternehmen sicherstellen.

Der Leiter sollte im Arbeitsbereich ein gesundes Umfeld schaffen, das den Mitarbeitern den Raum und die Freiheit gibt, frei zu denken und ihre Vorstellungskraft einzusetzen, um die Arbeit zu erledigen. Ein starres Arbeitssystem würde die Mitarbeiter voneinander und von der Führungskraft entfremden. Dies würde das gesamte System gefährden und die Vision des Unternehmens beeinträchtigen.

Jede Art von Geschäft umfasst die Zielgruppe, d.h. die Kunden des Unternehmens. Die Führungskraft muss sich auch auf die Kunden konzentrieren und Ergebnisse erzielen, die ein breiteres Publikum erreichen.

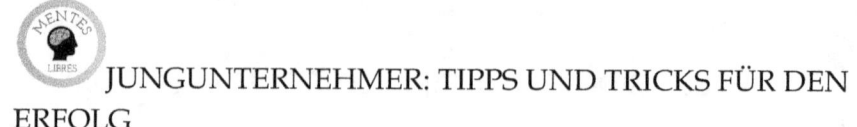 JUNGUNTERNEHMER: TIPPS UND TRICKS FÜR DEN ERFOLG

Berechnen Sie Ihre Startkosten

Die Anlaufkosten stellen uns alle vor Probleme. Sie sind entscheidend, um einen in eine Reihe zu bekommen, und deshalb ist die Messung Ihres Einsatzes sehr wichtig. Hier sind also zehn nützliche Tipps, wie Sie Ihre Anlaufkosten abschätzen können.

1. Zunächst müssen Sie sorgfältig nachdenken und die Kosten für alle Dinge, die Sie benötigen, in Ihrer Kostenschätzung für die Unternehmensgründung berücksichtigen. Denken Sie immer daran, dass sich dieser Betrag von dem Grundbetrag der Kosten unterscheidet, die Ihr Unternehmen benötigt, um das Jahr zu überstehen. Darüber hinaus gibt es noch andere Dinge, die Geld

JUNGUNTERNEHMER: TIPPS UND TRICKS FÜR DEN ERFOLG

brauchen, wie Schilder, Stühle und Büromaterial, Inventar, Kassen und Serviceangebote. Bei den anfänglichen Kosten sollten auch alle anderen Gegenstände berücksichtigt werden, die Sie möglicherweise vergessen haben.

2. Nehmen Sie keine Bankkredite an, es sei denn, dies ist absolut notwendig. Und selbst wenn Sie sicherstellen, dass Sie die Zinsen bezahlen können, die die Bank verlangt. Fragen Sie auch nach den Zinssätzen, Sie wollen nicht, dass sie zu hoch sind.

3. Berücksichtigen Sie Ihre Haushaltsausgaben in der Zeit, in der es an der Zeit ist, Ihr Unternehmen zu gründen. Vergewissern Sie sich, dass Sie genug Bargeld haben, um den Betrag zu decken, oder die Berechtigungsnachweise für den Kauf eines Darlehens, das den Betrag decken wird.

4.Sie müssen in der Lage sein, den Geldbetrag zu beurteilen, den Ihr Unternehmen benötigt, um das erste Jahr zu überleben. Sie müssen auch auf andere sporadische Ausgaben vorbereitet sein, die von Zeit zu Zeit während des Jahres auftreten können.

5.Organisieren Sie sich so, dass Sie auf alle zusätzlichen Kosten vorbereitet sind, die im Laufe des Jahres periodisch anfallen können.

6.Berücksichtigen Sie die Lebensmittelausgaben für das ganze Jahr. Ihr Budget sollte genügend Geld für Lebensmittel und andere grundlegende Ausgaben vorsehen. Dies schützt Sie vor Risiken während des ersten Jahres der Geschäftstätigkeit.

7.Ihr Unternehmen benötigt die Berechtigungsnachweise, die ein Darlehen für den Fall sichern, dass Ihr Geld irgendwann im Laufe des Jahres zur Neige geht. Es ist ratsam, dass Sie einen Kredit nur dann erhalten, wenn Sie genug Umsatz generieren können, um den Kredit zurückzuzahlen. Wenn Ihr Unternehmen im ersten Jahr nicht sehr gut läuft, sollten Sie es vielleicht schließen.

8.Das Gehalt, das Sie Ihren Mitarbeitern zahlen müssen, d.h. wenn Sie Angestellte haben, ist eine andere Sache, die zu berücksichtigen ist. Dazu gehören kommerzielle Versicherungen, alle Krankenversicherungen und natürlich die Zahlungen der Arbeitnehmer. Außerdem müssen Sie der Stadt eine zusätzliche Gebühr für alle Teilzeit- oder Vollzeitbeschäftigten zahlen, die Sie für Ihr Unternehmen arbeiten lassen.

9. Je nach Art der Geschäftstätigkeit, die Sie aufnehmen, müssen Sie möglicherweise Prüfungen ablegen, um zertifiziert zu werden. Diese Tests kosten Geld. Darüber hinaus müssen Sie sich über alle anderen Regeln oder Vorschriften, die Ihre Art von Geschäft mit sich bringt, im Klaren sein.

10. Sie können jederzeit einige persönliche Gegenstände verkaufen, um zusätzliches Geld zu erhalten, falls Sie nicht genug haben. Aber stellen Sie sicher, dass Ihr Unternehmen genügend Sicherheit für den Verkauf dieser Artikel bietet. Das Letzte, was Sie wollen, ist, dass Sie am Ende ruiniert sind, weil Sie Ihre Firma verloren haben, und auch all Ihre teuren Besitztümer, weil Sie sie verkauft haben, um genug Geld für die Gründung der Firma zu haben.

Erhalten von Investmentfonds für Ihr Unternehmen

Erfolgreiche Geschäftsleute, die ihr Kapital in angeschlagene Unternehmen oder in die Gründung von Franchise-Unternehmen investieren wollen, werden als Business Angels bezeichnet. Als Gegenleistung für die Investition wollen sie in der Regel wandelbares Fremd- oder Eigenkapital. Um eine gute Rendite aus ihren Investitionen zu erzielen, planen sie, ihr Fachwissen zu nutzen, um aus Unternehmen Erfolge zu machen.

Aufgrund ihrer Erfahrung sind Business Angels sehr vorsichtig damit, in wen sie investieren. Ihr Aktionsplan besteht darin, zu investieren, wenn die Aktien billig sind, mit dem Unternehmen zu arbeiten, es aufzubauen und dann das reife Unternehmen nach einigen Jahren an andere Makler oder den ursprünglichen Eigentümer zu verkaufen.

Dragons Den ist ein beliebtes Programm, bei dem Investoren darauf warten, in ein Unternehmen zu investieren. Als Geschäftsinhaber ist es wichtig, ein gutes Verkaufsgespräch zu führen und sich im Voraus vorzubereiten. Es hilft, eine klare Geschäftsstrategie zu haben. Drachen sind in der Regel gut darin, herauszufinden, ob das Zielpublikum und der Markt nicht richtig erforscht worden sind.

Um die Drachen zu beeindrucken, ist es wichtig, genaue Umsatzprognosen zu haben - sie wollen Fakten als Antworten auf ihre Fragen, nicht Lügen. Im Allgemeinen werden sie nicht in ein risikoreiches Unternehmen investieren, wenn sie es für möglich halten. Sie sind Experten auf ihrem Gebiet, daher ist ihr Rat zu Geschäftsideen sehr wertvoll und sollte berücksichtigt werden.

Vertrauen ist sehr wichtig. Stimme, Körperhaltung und Haltung sind sehr aufschlussreich, wenn es um Vertrauen geht, daher ist es hilfreich, diese Bereiche abzudecken, wenn es darum geht, potenzielle Investoren zu überzeugen. Man sollte sich auf Fragen gefasst machen: Es ist eine gute Strategie, darüber nachzudenken, was Investoren fragen könnten.

Fragen zu potenziellen Gewinnen und Unternehmenseinnahmen sind ganz natürlich, daher ist es wichtig, anders zu denken. Bereiche des Unternehmens, die es einzigartig machen und von anderen unterscheiden, sollten hervorgehoben werden, um den Wettbewerb auszuschalten.

JUNGUNTERNEHMER: TIPPS UND TRICKS FÜR DEN ERFOLG

Engagement ist ein weiterer entscheidender Faktor. Business Angels sehen gerne engagierte Mitarbeiter. Sie sind in der Regel beeindruckt, wenn das Geschäft einen Teil des Eigenkapitals des Neuankömmlings umfasst. Wenn jedoch bereits Tausende von Pfund in das Unternehmen investiert wurden und es immer noch kein Geld einbringt, werden sie vorsichtig sein.

Business Angels sind jetzt dank des Internets sehr leicht zu finden. Es gibt Hunderte von Websites, die sich der Suche nach dem richtigen Investor für ein Unternehmen widmen. Es gibt auch Engelsgruppen oder Engelsnetzwerke. Die Gründung eines Unternehmens war also nie einfacher - Investieren ist ein Kinderspiel!

Markieren Sie Ihr Unternehmen

Die Bindung einer identifizierbaren Marke an Ihr Unternehmen ist sehr wichtig, um den Erfolg sicherzustellen. Der Begriff Branding ist ein Konglomerat aus zahlreichen Funktionen, die übernommen werden müssen, um den Erfolg des Unternehmens zu gewährleisten. Das Branding initiiert Folgeaktionen in verschiedenen Bereichen, wie z.B:

1. Die Steigerung der Wahrnehmung und Sichtbarkeit des Firmennamens und -logos

2. Einen Firmennamen zu formulieren, der das Vertrauen der Öffentlichkeit sofort erwecken kann.

3. Sorgfältige Identifizierung und Pflege des Profils des potenziellen Konsumenten.

Die Marke, einschließlich des Firmennamens und -logos, ist im Gegensatz zu physischen Vermögenswerten wie Ressourcen und Institutionen kein materieller Vermögenswert eines Unternehmens und dient lediglich dazu, den Firmenwert zu erhöhen und den Ruf und die Identität des Unternehmens zu betonen.

Sorgfältige und vorsichtige Planung sollte in die Markenbildung einfließen, bevor sie zur Gewinnmaximierung umgesetzt wird. Vor der Markenbildung muss sichergestellt werden, dass die Attraktivität für die Verbraucher mit spezifischen Anreizen identifiziert und isoliert und ihre Anforderungen verstanden werden.

Einige wesentliche Schritte zur Sicherung und Schaffung einer erfolgreichen Marke für das Unternehmen:

Beständigkeit in der Werbung: Bei der Werbung für Ihre Marke geht es darum, die einzigartigen Punkte der Marke zu zeigen und hervorzuheben, die den Konkurrenten fehlen. Diese Punkte sollten immer wieder betont und beworben werden, so dass sie einen bleibenden Wert innerhalb Ihres Kundenstamms schaffen. Die Öffentlichkeit muss unbedingt mit diesen Anzeigen gefüllt werden, damit sie sich regelmäßig an diese Marken erinnert.

Kundenservice: Humanressourcen sind ein wesentlicher Bestandteil für den Erfolg eines jeden Unternehmens, daher ist die richtige

Einstellung von Verkaufspersonal unerlässlich. Sie müssen sich ihrer Position im Prozess der Markenbildung sicher sein.

Jeder Kunde muss respektiert und verstanden werden, und nicht aufmerksam zu sein oder auch nur einen einzigen Kunden in Betracht zu ziehen, kann für das Unternehmen massive Verluste bedeuten. Unkooperatives Personal sollte entlassen werden, da die positive Reaktion eines Kunden dazu beiträgt, zehn weitere Personen anzuziehen.

Öffentliche Wahrnehmung: Die Behandlung eines einzelnen Kunden kann sich durch Mundpropaganda sehr schnell verbreiten, und negative Publicity gefährdet Ihr Unternehmen. Während Sie für Ihre Marke werben, sollten Sie keine falschen und unrechtmäßigen Versprechungen machen. Der Kauf- und Abrechnungsprozess wird vereinfacht, um den Kundenkomfort zu gewährleisten. Frühere Verpflichtungen müssen pünktlich eingehalten werden, um den Goodwill der Marke zu erhöhen.

Nutzung des technologischen Fortschritts: Es wäre unangemessen, den Einfluss des Internets auf die Förderung und das Marketing von Unternehmen zu leugnen. Internet-Anfragen von Kunden müssen zufriedenstellend beantwortet werden. Außerdem muss das Geschäft regelmäßig aktualisiert und mit fortschrittlichen Technologien umgesetzt werden.

WIR WÜNSCHEN IHNEN VIELE ERFOLGREICHE JUNGUNTERNEHMER!

Besuchen Sie unsere Website! Holen Sie sich weitere Bücher von MENTES LIBRES!

https://www.amazon.de/MENTES-LIBRES/e/B08274DDV4?ref_=dbs_p_ebk_r00_abau_000000

Wenn Sie möchten, können Sie Ihren Kommentar zu diesem Buch hinterlassen, indem Sie auf den folgenden Link klicken, damit wir uns weiter entwickeln können! Vielen Dank für Ihren Kauf!

https://www.amazon.de/dp/B0893M5NQX

www.ingramcontent.com/pod-product-compliance
Lightning Source LLC
Chambersburg PA
CBHW050251220526
45465CB00002B/636